A. DE LA BORDERIE

*Membre de l'Institut*


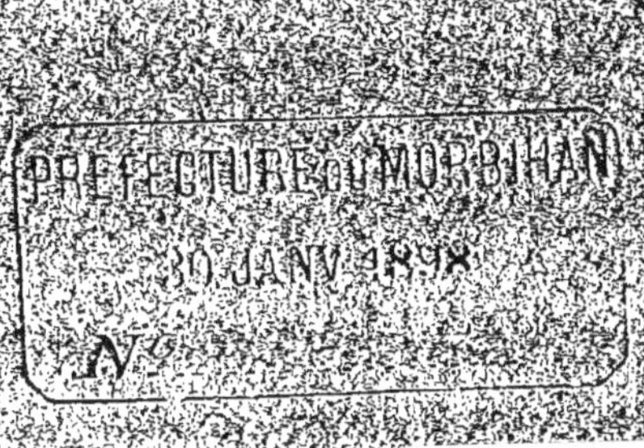

# MONTRES

## DE L'ÉVÊCHÉ DE VANNES

### EN 1477

*Extrait de la Revue historique de l'Ouest*

VANNES

LIBRAIRIE LAFOLYE

1897

A. DE LA BORDERIE

*Membre de l'Institut*

# MONTRES

## DE L'ÉVÊCHÉ DE VANNES

## EN 1477

*Extrait de la* Revue historique de l'Ouest

VANNES

LIBRAIRIE LAFOLYE

1897

# MONTRES DE L'ÉVÊCHÉ DE VANNES

## en 1477.

~~~~

Dans la première moitié de l'année 1477, par suite de circonstances trop longues à exposer ici, la Bretagne fut menacée d'une attaque redoutable de la part du roi de France Louis XI. Le duc de Bretagne François II prit aussitôt, très activement, nombre de mesures utiles pour la défense du duché et de la nation bretonne. Les extraits — fort incomplets — du registre de la Chancellerie de Bretagne de 1477, publiés par D. Morice (*Preuves de l'histoire de Bretagne*, III, col. 321 à 324), contienneut l'énumération d'une partie de ces mesures. L'une des premières devait être et fut la convocation des « nobles, anobliz, tenans fiefs nobles et sujets aux « armes », c'est-à-dire de tous ceux qui, en raison des terres possédées par eux, devaient au duc le service militaire, et aussi la convocation de la milice des francs-archers des paroisses. La mesure préparatoire pour cette double convocation, c'était de tenir d'abord la *montre* ou revue de cette double milice.

Dès le 10 janvier 1477, un « mandement » ou ordonnance ducale fixa la tenue de ces montres au 12 février et les lieux où elles se devaient tenir dans chaque diocèse, savoir : dans l'évêché de Rennes, à Rennes, — en l'évêché de Nantes, à Pirmil pour l'outre-Loire, à Pontchâteau pour « le terrouër » de Guérande, à Nozai pour le reste du diocèse, — pour l'évêché de Saint-Malo, à Dinan, — pour celui de Dol, à Dol, — pour Saint-Brieuc, à Moncontour, — pour Tréguer, à Guingamp, — pour Léon, à Lesneven, — pour la Cornouaille, au Faouët, — pour Vannes, à Vannes[1].

[1] *Registre de la Chancellerie de Bretagne pour l'année 1477*, fol. 4. Arch. de la Loire-Inf.).
~~~~

Il paraît que l hiver de 1477 fut très rigoureux. Aussi par une seconde ordonnance du 4 février[1], « considérant la froidure et ru-
« desse du temps qui à présent est, de quoi pourroint advenir des
« maladies et inconvéniens auxdits sujets aux armes, aux voyages
« desdites montres », le duc ajourne la tenue des montres au premier lundi qui devait suivre la Mi-Carême, c'est-à-dire au 17 mars 1477[2].
— La rigueur de l'hiver se prolongeant, le duc rendit, le 6 mars, une nouvelle ordonnance prorogeant la tenue des montres au lendemain du second dimanche après Pâques, c'est-à-dire au 21 avril 1477. Elle est ainsi conçue :

*« Mandement touchant le revu des monstres, dont la teneur suit :*

(6 mars 1477, n. st.),

« François, duc de Bretaigne, etc., à touz etc. Comme par avant ces heures et dès le dixiesme jour de janvier derroin[3], par noz lectres patentes et pour les causes en icelles contenues, nous ayons ordonné et assigné les monstres generalles des nobles, ennobliz, tenans fiez nobles, et subgictz aux armes de notre pays et duché, de quelque estat et condicion qu'ils feussent, à estre tenues generallement par tout nostre dit pays, au doziesme jour de fevrier derroin, par devant les commissaires que depputerons quant ad ce, ès lieux declerez par nozdictes lectres, o les injoncions expresses et autres poins y contenuz. Et depuix, pour certaines causes, ayons remué et prorogé ladicte assignacion jusques au lundi prouchain après la mi-karesme prouchaine venant, à estre tenuz ès lieux par cy davant declarez ; et aussi eussons remué les monstres des francs-archiers et esleuz des parroesses de nostredit pays, jusqu'aux jours qui leur seroint assignez par leurs cappitaines particuliers après le terme du remu dessus déclaré :

« Savoir faisons que nous, *considérans la diversité et dureté du temps et la froidure qui est à présent, qui pourroit estre occasion du mal de ceulx qui voyageroient èsdites montres,* mesme que, ledit terme et après, y a et aura plusieurs foyres par le pays, èsquelles les nobles et subgictz ausdictes monstres se pourroient fonrnir tant de hernoys, chevaulx, que autres choses nécessaires pour eulx mectre en appareill d'armes, et aussi ad ce

---

[1] *Ibidem*, f. 13 v°.

[2] En 1477, Pâques étant le 6 avril, le jeudi de la Mi-Carême tombait le 13 mars, le lundi suivant était le 17 mars.

[3] Le 10 janvier 1477.

que ilz aient plus d'espace d'eulx mectre audit appareill selon les ordon-
nances par cy devant sur ce faictes et indites, sans ce qu'ilz se puissent
ne doyent excuser pour brieffvement de temps, nous avons aujourduy
derecheff remué et prorogé l'assignacion desdictes monstres qui estoit
audit lundi prouchain après la my-karesme prouchaine venante, jusques
au lundi prouchain après que on chantera prouchainement en nostre
mère sainte Eglise *Misericordia*[1], à estre tenues ès lieux par cy devant
declarez par noz lectres pateutes et selon le contenu d'icelles. Et avons
remué et prorogé les monstres desdiz francs archiers jusques aux jours
et termes qui par leursdiz cappitaines respectivement leur seront assignez après ledit lundi dessurdit.

Si donnons en mandement à noz senneschaulx, allouez, bailliffs,
provostz et procureurs, leurs lieuxtenans, et à touz autres justiciers et
officiers de nostre duché à qui de ce appartiendra, le contenu et effect de
de ces présentes faire savoir, publier, et solennizer, tant à noz plez
generaulx que par banniés et proclamations publicques ès lieux, accous-
tumez. Et mesmes y faire reiterer la publicacion du premier mandement desdictes monstres, o les poins, injoncions et condicions contenuz en
iceluy, ad ce que nully n'en puisse ignorance pretendre. Et ausdiz procureurs mandons comparoir à nozdictes monstres garniz de noz clercs
d'office, pour besoigner à icelles monstres et autres choses contenues
audit mandement, selon et au desir d'iceluy. Car ainsi le voulons et nous
plaist. Donné en nostre ville de Nantes, le VIe jour de mars l'an mil IIIIc
LXXVI[2].                                    *Signé* : G. RICHART[3].

En vertu de ce mandement on ordonnance ducale, les montres
de l'évêché de Vannes furent tenues en effet en cette ville, les lundi
21 et mardi 22 avril, par les trois commissaires nommés par le Duc,
savoir : Louis de Rohan sire de Guémené-Guégan, Bertrand du Parc
et Louis de Kermené. Le document que nous publions ci-dessous
n'est pas la liste complète des « sujets aux armes » qui comparurent
à ces montres, mais seulement de ceux qui prirent pour capitaine
le sire de Guémené. Les deux autres commissaires eurent sans
doute aussi leurs adhérents, en sorte que nous devons avoir ici le
tiers tout au plus des « sujets aux armes » qui comparurent à ces
montres.

---

[1] En 1477, Pâques 6 avril, le dimanche *Misericordia* (2e dimanche après
Pâques) 20 avril. Donc les montres étaient remises au 21 avril.

[2] Le 6 mars 1476 vieux style, 1477 nouveau style.

[3] Signature du secrétaire duc François II.

## COMPAGNIE DU SIRE DE ROHAN-GUÉMENE[1]

*Ensuyt les noms de ceulx qui ont choesi à cappitaine hault et puissant Loys de Rohan, sire de Guemené Guégant, de Montauban et de la Roche-Moysan, ès monstres generalles des nobles et ennobliz tenans fiez nobles subgitz aux armes de l'évesché de Vennes tenues par ledit seigneur de Guémené Guégant, Bertram du Parc et Loys de Kermené à ce commis, les XXI et XXII<sup>e</sup> jour d'appril l'an mil IIII centz LXXVII.*

1. — Pierres, s<sup>r</sup> de la Forest, comparu par Henri Gringnon, homme d'armes, à V chevaulx pour sa selle, Pierre Aubret et Jehan Signach, archer, Jehannin le Perrier, coustillour.

2. — Loys de Baud, s<sup>r</sup> de la Vigne, par Yvon Nizon, homme d'armes à IIII chevaulx pour sa selle, Germain de Baud, archer, Jehan Geffroy, coustillour.

3. — Guillaume de Launay, s<sup>r</sup> de Guergelin, homme d'armes à IIII chevaulx, Jehan Pierres archer, Jehan Olivier coustillour.

4. — Guillaume de Kerouallen par Guillaume de la Villeneuffve, homme d'armes, à III chevaulx pour sa selle, Jehan le Saux coustillour.

5. — Henri de Cheffduboys, homme d'armes à IIII chevaulx, Terrien de Cheffduboys archer, Henri de Cheffduboys coustillour.

6. — Jehan Thomelin, s<sup>r</sup> du Plexis, homme d'armes à IIII chevaulx, I archer et un I coustillour.

7. — Jehan de Rosmadec, hommes d'armes à III chevaulx, I coustillour.

8. — Charlles, s<sup>r</sup> de la Sauldraye, homme d'armes à III chevaulx, I archer et I coustillour.

---

9. Loys du Haultboys, par Jehan le Venour, homme d'armes à III chevaulx pour luy et mestre Charlles du Haultboys, I archer et un nommé Lucas Lodiou, I coustillour.

10. — Guillaume Bizien, s<sup>r</sup> de Kerygomarch, homme d'armes à III chevaulx, I archer, I coustillour.

11. — Jehan de Stanc-Hingant, par Richart son filz, homme d'armes à III chevaulx pour sa celle un coustillour.

12. — Jehan, s<sup>r</sup> du Pou, homme d'armes à III chevaulx pour sa celle, I coustillour.

13. — Galays Legal, s<sup>r</sup> de Cuffuiou, par Loys son filz, homme d'armes à III chevaulx pour sa selle, un coustillour.

14 — Henri Gouriou, homme d'armes à III chevaulx, I coustillour.

15. — Guillaume, s<sup>r</sup> de Brullé, homme d'armes à IIII chevaulx, I archer et un coustillour.

16. — Pierres Esmes, s<sup>r</sup> de Kersarffan, homme d'armes à V chevaulx, II archers, I coustillour.

17. — Jehan, s<sup>r</sup> de Tenouël, homme d'armes à IIII chevaulx I archer, I coustillour.

18. — Gilles, s<sup>r</sup> du Val, homme d'armes à III chevaulx, I archer, I coustillour.

19. — Jehan de Talhoët, s<sup>r</sup> de Keravéon, homme d'armes à III chevaulx, coustillour.

20 — Selvestre, s<sup>r</sup> de Coëtsal, homme à IIII chevaulx, I arc e, en brigandine, I coustillour.

21. — Loys du Terte(?), homme d'armes à III chevaulx, I coustillour à brigandine.

22. — Pierres de Lopriac, archer à brigandine.

23. — Jehan de Spinefort, archer à brigandine.

24. — Jehan de Kerlemo, par Raoul son filz, archer à brigandine.

25. — Charlles de Lentivi, par Yvon de Lentivi, archer à brigandine.

26. — Mestre Guillaume de Kermoro, archer à brigandine.

27. — Jehan Le Gal, archer à brigandine.

28. — Jchan Simon, archer à brigandine.

29. — Pierres Juzael, par Anthoine Juzael, son filz, jusarmier en brigandine.

30. — Rolland Fournier, par Eustache son filz, archer à brigandine.

31. — Jehan de Kerangal, par Guillaume, son filz, jusarmier à brigandine.

32. — Baudet Simon, jusarmier en brigandine.

33. — Loys filz Jehan de Lopriac, jusarmier en brigandine.

34. — Jehan de Kerrivault, archer à brigandine.

35. — Deryan Le Courault, archer en brigandine.

36. — Perrot Jegat, archer en brigandine.

37. — Jehan le Bodic, jusarmier en brigandine.

38. — Pierres de Kerpunce, jusarmier en brigandine et aevcques luy Guillaume de la Haie, archer à brigandine.

39 — Pierres de Planice, archer en brigandine.

40. — Pierres le Douazren, arbalestrier en brigandine.

41. — Symon le Serasin, jusarmier en brigandine.

42. — Jehan le Palefartz, jusarmier en brigandine.

43. — Mathias le Serazin, jusarmier en paltocq.

44. — Jehan Oliverou, jusarmier à brigandine.

45. — Jehan Coetnours, jusarmier en brigandine.

46. — Les hoiers Jehan le Botder, par Thomelin Kerangal, jusarmier à brigandine.

47. — Jehan Peron, archer en brigandine, et avecques luy ung aultre archer en brigandine.

48. — Le heritier Morice de Kermadio, comparu par Olivier de Broërec et Bernard de St-Noay, archers en brigandine.

49. — Olivier Bignan, archer à brigandine.

50. — Olivier des Fontaines, archer en brigandine.

51. — Jehan Corrapé, jusarmier en brigandine.

52. — Yvon de Linas, archer en brigandine.

53. — Guillaume de la Haie, arbalestrier en brigandine.

54. — Henri le Charuell, archer en brigandine.

55. — Brient Ravel, jusarmier en brigandine.

56. — Guillaume de Linas, jusarmier en corset.

57. — Yvon Blezven, par Pierres son filz, archer à brigandine.

58. — Jehan Desporte, archer en brigandine,

59. — Guillaume de la Haie, archer en brigandine.

60. — Pierres du Bouetiez, comparu par Jehan son filz, archer à brigandine.

61. — Jehan du Botder, par Jehan Caignart, jusarmier en brigandine.

62. — Les hoiers Jorget Goedri, par Olivier Goudri (sic), jusarmier à brigandine.

63. — Pierres le Mezec par Jehan Caignart, jusarmier à brigandine.

64. — Nycolas le Mezec, archer en brigandine.

65. — Jehan de la Haie, archer à brigandine.

66. — Lorans du Pou, par Rolland Costiere, jusarmier à brigandine.

67. — Loys Thomelin, par Guillaume Le Mygnen, archer à brigandine.

68. — Christofle de Locpriac, par Vincent le Digoedec, archer à brigandine.

69. — Guillaume de Kerpunce, par Pierres de Kerpunce son filz, archer à brigandine.

70. — Les hoiers Jehan de Cheffduboys, par Olivier Le Plain, archer à brigandine.

71. — Jehan Thomas, par Jehan son filz, archer à brigandine.

72. — Henri du Verger, par Bonabes du Verger, archer à brigandine.

73. — Jehan Raoulin, archer en brigandine.

74. — Estienne de Kerorven, par Jehan son filz, archer à brigandine.

75. — Les hoiers Jehan Le Branc par Jehan Le Branc, jusarmier à paltocq.

76. — Guillaume filz Mahé de Kerpunce, jusarmier à brigandine.

77. — Les hoiers Yvon de Kergourio, par Henri Laescour, jusarmier à paltocq.

78. — Henri Le Plain, archer à brigandine.

79. — Loys de Kerpunce, comparu par Jehan Fournier, jusarmier en brigandine.

80. — Simon de Kerpunce par Jehan Le Du, jasarmier à brigandine.

81. — Jehan de Kerhuzere, archer à brigandine.

82. — Tebaud Jourdain, par Jehan de Kerlazroux, jusarmier à
brigandine.

83. — Henri Jubin, archer à brigandine.

84. — Alain Jubin, jusarmier en paltocq.

85. — Jehan Le Plain, jusarmier à paltocq.

86. — Jehan Ylary, archer, à brigandine.

87. — Robin Le Digoedec, par Henri son filz, jusarmier en brigandine.

88. — Pierres du Pou, par Jehan son filz, jusarmier en paltocq.

89. — Mestre Disaroez Kerpaen, archer en brigandine.

90. — Guillaume Lerimet, jusarmier à brigandine.

91. — Guillaume Le Baeliff, jusarmier en paltocq.

92. — Guillaume Jernegan, par Rolland Pencollec, jusarmier à
brigandine.

93 — Henri Caric, par Jehan son filz, archer à brigandine.

94. — Olivier de Saint-Noay, par Jehan Le Guellen, jusarmier en
brigandine.

95. — Jehan de Limihinec, jusarmier en brigandine.

96. — Mestre Jehan Lucas[1], archer en brigandine.

97. — Renault du Bouyer, jusarmier en brigandine.

98. — Mestre Guillaume Callo, par Jehan Kerlohou, archer en
paltocq.

99. — Jehan du Lesté, archer à brigandine.

100 — Jehan de Locpriac, archer en brigandine.

101. — Guillaume Ligouffin, jusarmier en brigandine.

102 — Guillaume Le Plain, jusarmier en paltocq.

103. — Jehan Ligoffin, archer en brigandine.

104. — Jehan Le Pannec, par Eon Le Troedec, archer en brigandine.

---

[1] L'original porte *Lcas*, faute.

105. — Alain Lucas, par Loys Toutanoultre, jusarmier en brigandine.

106. — Les hoiers Artur Thomelin, par Thomas Queranguen, jusarmier en brigandine.

107. — Mestre Yves Le Caret, jusarmier en brigandine.

108 — Jehan de Kerjezequel, archer en brigandine.

109. — Jehan de Kerrouallen, jusarmier en brigandine.

110. — Jehan Le Moingn, pour Henri son père, jusarmier en brigandine.

111. — Lys (*sic*) de la Sauldray[2], par Jehan de la Sauldray, archer à brigandine.

112. — Jehan Kermain, jusarmier en brigandine.

113. — Yvon Guillo, par Jehan Guillemo, archer en brigandine.

114. — Guillaume de la Villeneuffve, par Jehan Locment, jusarmier en brigandine.

115 — Jehan Coetmaellec, jusarmier en brigandine.

116 — Mestre Jehan Guillemo, jusarmier en brigandine.

117. — Jehan filz Charlles du Pou, archer en brigandine.

118. — Rolland Guehenec, par Jehan et Rolland ses enffens, l'un archer et l'aultre jusarmier en brigandine.

119. — Paen de Pluvié[3], par Jehan son filz, archer en brigandine.

120. — Guillaume de Kerancoërhin, archer en brigandine.

121. — Jehan Menno, par Jehan son filz, archer en brigandine.

122. — Pierres de Kerdrein, archer en brigandine.

123. — Jehan Jegadoux, par Alain Meur, archer en brigandine,

124 — Jehan Le Breton, jusarmier en brigandine.

125 — Jehan Le Boudoul, par Jehan son filz, jusarmier en brigandine.

126 — Jehan Branbrou, jusarmier en brigandine.

127 — Henri de Cheffduboys, archer en brigandine.

128 — Guillaume de la Villeneuffve, archer en brigandine.

---

[1] L'original porte *Queanguen*, qui semble une faute, pour *Queranguen*.

[2] L'original porte *Saulday*, faute.

[3] En marge en face de ce nom, mais d'une écriture plus moderne : *Le s{sup}r de Kerloro*.

129. — Henri de Baud, archer en brigandine.

13o. — Jehan de Kergoallic, jusarmier en  brigandine.

131. — Jehan de Langourla, archer  en brigandine.

132. — Jehan Langourla, par Olivier  Langourla, jusarmier en brigandine.

133 — Guillaume de . Kerhuhelic, par Jehan son  filz, jusarmier en brigandine.

134 — Alain Lehen, jusarmier en brigandine.

135. — Jehan Guillermo pour Yvon son père, archer en brigandine.

136. — Yvon Guillermo, jusarmier en brigandine.

137. — Jehan Kerhezrou, jusarmier en paltocq.

138. — Charlles de Kergaly,  par Olivier son filz, jusarmier en brigandine.

139. — Lorans Lescaulet, par Jehan son filz, archer en brigandine.

14o. — Olivier Le Picart, par Alain Lescautet, archer en brigandine.

141. — Alain Le Picart, par Jehan son filz, jusarmier en brigandine.

142. — Guillaume Le Tavel, archer en brigandine.

143. — Guillaume Le Perenno, archer en brigandine.

144. — Jehan Cardun, archer en brigandine.

145. — Jehan Le Blévec, par Henri son filz, jusarmier en paltocq.

146. — Yvon Kerroual, jusarmier en brigandine.

147 — Guyon Le Gouello, archer en brigandine.

148. — Jehan Le Corhm, archer en brigandine.

149. — Loys de Guernarpin, jusarmier en brigandine.

15o. — Henri Rouxel, par Pierres son filz, archer en brigandine.

151. — Jehan Boutouillic, archer en brigandine.

152. — Henri de Quenecquan, par Mahé Phelippes, archer en brigandine..

153. — Pierres Lescobic, jusarmier en brigandine.

154 — Pierres Le Besle, archer en brigandine.

155. — Olivier Le Besle, jusarmier en brigandine.

156. — Jehan Lourczault, archer en brigandine.

157. — Jehan de Beaucours, par Guillaume Ropertz[1], jusarmier
en brigandine.

158. — Mestre Geffroy du Houlle, par Guillaume son filz, archer
en brigandine.

159. — Bizien Le Digoedec, archer en brigandine.

160. — Yvon Kergoet, archer en brigandine.

161. — Pierres de Kerancoërhin, par Olivier son filz, archer en
brigandine.

162. — Guillaume Caradec, par Jehan son filz, archer en brigandine.

163. — Pierres de Kermeryan, par son filz, jusarmier en brigandine.

164. — Charlles Poulhazre[2], archer en brigandine.

165. — Alain Hervé, par Guillaume son filz, archer en brigandine.

166. — Loys Fraval, archer en brigandine.

167. — Jehan Busson, jusarmier en brigandine.

168. — Lancelot de Quenecquan, archer en brigandine.

169. — Morice Le Tourdiec, archer en brigandine.

170. — Olivier de Toulbodou, par Henri Lestun, jusarmier en
brigandine.

171. — Henri de Saint-Noay, par Guillaume son filz, archer en
brigandine.

172. — Charlles Le Trancher, archer en brigandine,

173. — Loys Alanno, jusarmier en brigandine.

174. — Pierres Lebeir, pour la veuffve Olivier Tily, jusarmier en
brigandine.

175. — Jehan Costero, pour la veuffve et héritiers Perrin Guillon-
xou (sic), archer en brigandine.

176. — Guillaume Gringnon, par Nicolas Rouzault, jusarmier en
brigandine.

177. — Jehan Paneto, par Llaes Le Divazeen, archer en brigandine.

178. — Morice de Kerinisian, jusarmier en brigandine.

179. — Guillemot Mée, par Jehan son filz, archer en brigandine.

---

[1] Ou « Ropartz ».
[2] Ou peut-être « Poulhezre ».

180. — Jehan Phelippes, par Paen Phelippes, archer en brigandine.

181. — Les hoiers mestre Guillaume Le Moulnier, par Guillaume Le Magoërou, archer en brigandine, et en sa compaigne 1 jusarmier en brigandine.

182. — Jehan de Langle, par Jehan de Remingol, jusarmier en brigandine

183. — Charles Eudoux, archer en brigandine.

184. — Jehan Le Douazren, archer en brigandine.

185. — Tanguy Mahé, archer en brigandine.

186. — Pierres du Bouyer, par mestre Jehan son filz, archer en brigandine.

187. — Yven de Rosquoet, jusarmier en brigandine.

188. — Alain Gillet, jusarmier en brigandine.

189. — Pierres de Clezguennec, jusarmier en brigandine.

190. — Eon Tily, jusarmier en paltoc.

191. — Jehan de Clezguennec, par Loys son filz, jusarmier à brigandine.

192. — Mestre Guillermo[1], par Jehan Le Tallec, jusarmier en brigandine.

193. — Jehan Heudoux, jusarmier en brigandine.

194. — Pierres Laustin, jusarmier en brigandine.

195. — Guillaume Eudoux, jusarmier en brigandine.

196. — Guillaume Giquel, jusarmier en brigandine.

197. — Guillaume Madiou, jusarmier en brigandine.

198. — Eonnet du Vollant, par Ollivier Le Prebstre, archer en brigandine.

199 — Alain Lecainte, jusarmier en brigandine.

200. — Eon Guillemin, jusarmier en brigandine.

201. — Jehan de Larlan, jusarmier en brigandine.

202. — Jehan de la Haie, par Loys Le Govello, archer en brigandine.

203. — Alain Le Bodic, par François son frère, jusarmier en brigandine.

---

[1] « Guillo » (sic).

204. — Jehan Coetmeur, pour Guillaume son père, archer en brigandine.

205. — Jehan Baudouyn, archer en brigandine.

206. — Jehan Tremaës, jusarmier en brigandine.

207. — Guillaume Ger (*sic*), archer en brigandine.

208. — Alain de la Villeneuffve, jusarmier en brigandine.

209. — Bertram de Saint-Noan[1], par Olivier Le Floch, archer en brigandine.

210. — Guillaume Le Godec, par Nicolas son filz, jusarmier en brigandine.

211. — Eonnet Guillart, par Alain Le Compaingn, archer en brigandine.

212. — Jehan Raoulin, archer en brigandine.

213. — Morice Raoulin, archer en brigandine.

214. — Guillaume Le Sauffacher, par Yvon Paige, archer en brigandine.

215. — Alain Le Floch, par Jehan Jafrezou, archer en brigandine.

216. — Eonnet Marigou, par Berthelot Cranet, archer en brigandine.

217. — Mestre Guillaume Rolland, par Olivier Lenes, jusarmier en brigandine.

218. — Les hoiers mestre Yves Rolland, par Eonnet Moysan, jusarmier en brigandine.

219. — Alain de Boualle, par Jehan du Boys, archer en brigandine.

220. — Jehan Raoul par Jehan son filz, archer en brigandine.

221. — Jouhan de la Court, archer en brigandine.

222. — Jehan de Kermabon, par Yvon son filz, archer en brigandine.

223. — Jehan Lamoureulx, par Yvon son filz, archer en brigandine.

224. — Alain Bisguen, par Alain Bihan, archer en brigandine.

225. — Olivier de Botmar, archer en brigandine.

226. — Jehan de Kerriec l'esné, archer en brigandine.

227. — Jehan Le Brandonner, jusarmier en brigandine.

---

[1] On avait d'abord écrit *Saint-Noay*, puis on a surchargé l'*y* d'une *n*, ce qui fait *Saint-Noan*.

228. — Morice de Quenecquan, par Alain Le Baëlliff, archer en

229. — Eon de Rimezon, jusarmier en brigandine.

230 — Jehan Froudan[1], jusarmier en paltocq.

231. — Guillaume Froudan, jusarmier eu paltocq.

232. — Mestre Olivier Coetmeur, par Henri Corre et Jehan Le
        Craffer, II archers en brigandine,

233 — Jehan de Clezguennec, par Yvon Le Craffer, archer en
        brigandine.

234. — Jehan Quingat, par Morice son filz, jusarmier en brigandine.

235 — Jehan du Pou, par Nicolas Mahé, jusarmier en brigandine,

236. — Alain Lamoureulx, par Yvon de Kerropartz, archer en
        brigandine.

237. — Guillaume Carn, archer en brigandine.

238. — Bonabes Le Baelliff, arbalestrier en brigandine.

239. — Bonabes de Baud, archer en brigandine.

240 — Guillemot Le Brun, comparu par Maurice Guido, archer
        en brigandine.

241. — Castel Guillo, archer en brigandine.

242. — Henri Pourcel, jusarmier en brigandine,

243. — Henri Kerhuhelic, jusarmier en brigandine,

244. — Olivier Soudan, archer en brigandine.

245. — Henri Remingol de Quistinit *(sic)*, archer en brigandine.

246. — Guillaume Guido, archer en brigandine.

247. — Morice, avoé de Langoez, jusarmier en brigandine.

248 — Guyon de Restremen, jusarmier en brigandine.

249 — Morice Lancelot, archer en brigandine.

250 — Jehan Le Govello, archer en brigandine.

251. — Gillet Jeguic, par Jehan son filz, archer en brigandine.

252. — Alain de Bulion, archer en brigandine.

253. — Guillaume Kerguz, jusarmier en paltocq,

254. — Jehan de Clezguennec, jusarmier en brigandine.

255. — Jehan Bocher, jusarmier en brigandine.

256. — Guillaume Caingnart, jusarmier en paltocq.

---

[1] On peut lire aussi *Frondan*, et de même au N° 231.

257. — Eonnet Talanforest, jusarmier en brigandine.

258. — Nouel de Quélen, jusarmier en brigandine.

259 — Pierres Keralan, jusarmier en brigandine

260. — Olivier Caingnart, pour Jehan son père, jusarmier à brigandine.

261. — Jehan Le Loche, jusarmier à paltocq.

262 — Jehan Eudoux, archer en brigandine.

263. — Jehan Le Serrasin, archer en brigandine.

264. — Geffroy de Larlan, jusarmier en brigandine.

265. — Eon Le Provost, jusarmier à brigandine.

266. — Mestre Jehan Flocate, jusarmier en brigandine.

267. — Jehan de Lentivi, jusarmier en brigandine.

268 — Olivier Lefeubvre, jusarmier en brigandine

269. — Guyon Le Chamell, archer en brigandine.

270. — Bonabes Deryan, pour son père, archer en brigandine.

271 — Henri de Kerantras pour Robin, son père, archer en brigandine.

272 — Guillaume Damoux, pour Jehan Damoux, son père, archer en brigandine.

273. — Thomas Le Loux *(sic)*, jusarmier en brigandine.

274. — Henri Le Louennan, jusarmier en brigandine.

275. — Jehan Le Bestanc, par Charlles Le Bestanc, archer en paltoucq.

276. — Alain Deryan, jusarmier en brigandine.

277 — Jehan Lorveloux, archer en brigandine.

278. — Jehan Le Rohellou, archer en brigandine.

279. — Rolland Le Chanonny, par Gilles son frère, archer en brigandine.

280. — Jehan de Kerboen, archer en brigandine.

281. — François Le Bleiz, pour Lancelot son père, jusarmier en brigandine.

282. — Pierres Peron, archer à brigandine.

283. — François de la Porte[1], archer en brigandine.

---

[1] Ou peut-être : « *de la Priorté* ».

284. — Jehan Le Grillan, archer en brigandine

285 Jehan Kergouriou, par Pierres Henri, archer en brigandine.

286. — Jehan Lodic, par Guillaume son filz, archer en brigandine.

287. — Jehan Brient, arbalestrier en brigandine.

288. — Selvestre Le Clerc, jusarmier en brigandine.

289. -- Henri Cadou, jusarmier en brigandine.

290. — Olivier Le Pann, archer en brigandine.

291. — Loys Le Couriault, par Loys son fils, jusarmier en brigandine.

292. — Morice Le Botderu, archer en paltocq.

293 — Guillaume Perenès, jusarmier en paltocq.

294. — Guillaume Kergadiou, jusarmier en brigandine.

295. — Jehan Le Priolic, pour Guillaume son père, jusarmier en brigandine.

296. — Eon Le Croeset, archer en brigandine.

297. — Henri Levenoy[1], archer en brigandine.

298. — Jehan Calvez dit Phelippes, archer en brigandine.

299 — Pierres Le Roux, par Jehan Le Roux, archer en brigandine.

300. — Guillaume Gibon, jusarmier à brigandine.

301. — Pierre Kermadec par son filz, jusarmier en brigandine.

302. — Jehan Guillemin, par Morezre (*sic*) Guillemin, archer en brigandine.

303. — Hervé de Lannoan a presenté par luy II archers en brigandine.

304. — Martin Le Boulchic, jusarmier en brigandine.

505. — Guillaume Troedasaou, jusarmier en brigandine.

306. — Regnault Le Boulchic, jusarmier en paltocq.

307. — Jehan Jouhan, pour Denise Plousguen, jusarmier en brigandine.

308. — Guillemot Deryan, archer en brigandine.

309. — Eon de Coettmagoer, jusarmier en brigandine.

---

[1] On « *Lenevoy* ».

310. — Mestre Jehan Daniel, jusarmier en brigandine.

311. — Guillaume Salbert, jusarmier en paltocq.

312. — Jehan de La Boéère, pour et luy et Robert Treceson, I archer et I jusarmier.

313. — Yvon Frauallo[1], jusarmier en paltocq.

314. — Rolland Keraudren, mineur, comparu par Yvon Le Trezer, jusarmier en brigandine.

315. — Olivier Ganiou, jusarmier en brigandine.

316. — Jehan Le Laezec, jusarmier n paltocq.

317. — Selvestre Le Crosset, jusarmier en paltocq.

318. — Perrot Le Dioch, jusarmier en paltocq.

319. — Eon Le Botderu, jusarmier en paltocq.

320. — Alain Guiemaech, jusarmier en brigandine.

321. — Guillaume Le Vidal, jusarmier en paltocq.

322. — Jehan Le Palefartz, jusarmier en paltocq.

323. — Henri Le Palut, jusarmier en brigandine.

324. — Perrot Le Roux, jusarmier en brigandine.

325. — Selvestre Talhoet, jusarmier en paltocq.

326. — Henri Le Briz, archer en brigandine.

327. — Les héritiers Pierres Helinart, comparuz par Jehan Regnier, jusarmier à brigandine.

328. — Jehan d'Allerac, jusarmier en paltocq.

329 — François de la Boeerère (*sic*), jusarmier en brigandine.

330. — Jehan Gouro, par Pierres son filz, jusarmier en brigandine.

331. — Robert Le Saige, comparu par Pierres Nouel, jusarmier en brigandine.

332. — Franczois Cybouaut, jusarmier en brigandine.

333. — Guillaume Fentir, jusarmier en brigandine.

334. — Perceval Murtado, comparu par Roberd son filz, jusarmier en brigandine.

335. — Guillaume Le Bernier, par Jehan son filz, jusarmier en brigandine.

336. — Alain de la Ville-Juzael, jusarmier en brigandine.

---

[1] *Sic*, il faut probablement lire *Fravallo*.

337. — Guillaume Sorel, archer en brigandine.

338. — Franczois de Sils, jusarmier en brigandine.

339. — Jehan Guillart du Goa, par Jehan Le Cautrec, jusarmier en brigandine.

340. — Jehan Nogues, par Pierres Mallet, archer en brigandine.

341. — Guillaume de Quoëlagat, jusarmier en paltocq.

342. — Jehan Hiis, archer en brigandine.

343. — Alain Le Douarrain, jusarmier en brigandine.

344. — Eonnet de Lesmays, comparu par Guillaume Dannet, archer en brigandine.

345 — Robin de Coëtlagat, jusarmier en paltocq.

346. — Raoullet Estoré, par Eonnet, son filz, jusarmier en paltocq.

347. — Guillaume du Plexis, jusarmier en paltocq.

348. — Jamet Brochen, jusarmier à brigandine.

349. — Jacquet Bot, par Yvonnet Malet, archer en brigandine.

350. — Eon Doussin, jusarmier en brigandine.

351. — Jehan Mahé du Besouet, archer en brigandine.

352. — Les héritiers Jehan de Lesmays, par Guillaume Grallen, jusarmier en brigandine.

353. — Guillaume Le Portier, archer en brigandine.

354. — Jehan Le Barbier, arbalestrier en brigandine.

355. — Margarite de Bintin, veuffve de feu Jehan du Houx, par Guillaume Rullen, jusarmier à brigandine[1].

---

[1] La pièce n'est pas terminée, mais il doit manquer peu de chose.